Gedichte

Gedichte und Zitate

Band 3

Nicole Sunitsch

Bibliografische Information der Deutschen Nationalbibliothek:
Die Deutsche Nationalbibliothek verzeichnet diese Publikation
in der Deutschen Nationalbibliografie;
detaillierte bibliografische Daten sind im Internet über
http://dnb.dnb.de abrufbar.

© 2017 Nicole Sunitsch

Herstellung und Verlag:
BoD – Books on Demand, Norderstedt

1. Auflage: Juni 2017
ISBN: 978-3-7431-1288-9

Titel/Idee: Nicole Sunitsch
Cover/Foto: Nicole Sunitsch
Gedichte/Zitate: Nicole Sunitsch
Korrektorat: Mein Engel

Inhalt

Vorwort 10
  Wie mein Gedichtsbuch entstand *10*
  Danke *13*
  Aufrichtig *14*
  Lasst uns … *15*
  Gönnen *16*
  Verzeihen *17*
  Raus aus dem Alltag *18*
  Ich fühle mich so leicht *19*
  Teil deines Glückes *20*
  Rückhalt *21*
  Macht *22*
  Meine Hand *23*
  Falsche Menschen *24*
  Aufrecht *25*
  Liebe ist … *26*
  Großmut *27*
  Gesundheit *28*
  Nicht da und doch so nah *29*

Gut über die Runden kommen *30*
Glück *31*
Heilung *32*
Verzeihen - Vergessen *33*
Hundeliebe *34*
Tierliebe *35*
Missgunst *36*
Hoffen und Wünschen *37*
Neugier *38*
Kraft *39*
Eigene Meinung *40*
Innerlicher Friede *41*
Wahre Freunde *42*
Bist du traurig *43*
Mutterliebe *44*
Schweigen *45*
Lachen ist wichtig *46*
Das alte Leben *47*
Freue dich auch für Andere *48*
Es gibt … *49*

Verscherzen *50*
Freiheit *51*
Springe über deinen Schatten *52*
Menschenengel *53*
Gedanken *54*
Meine Katze *55*
Dunkelheit *56*
Menschen, die du nicht gut kennst *57*
Du bist nicht einsam *58*
Fußfessel *59*
Stolz und Respekt *60*
Ein Hund fürs Leben *61*
Arbeiten *62*
Ich bin bei dir *63*
Begegnungen *64*
Dich an meiner Seite *65*
Nicht einfach so *66*
Es gibt sie … *67*
Seelenverwandte *68*
Beliebt *69*

Kennenlernen *70*
Ich … *71*
Begegnen *72*
Danke *73*
Seelenschmerzen *74*
Sei natürlich *75*
Zuviel Nachdenken *76*
Reich *77*
Es gibt bestimmte Gründe *78*
Entspannung *79*
Konsequenzen *80*
Liebe und Leben *81*
Nicht nur Sonnenstrahlen *82*
Anmut *83*
Beschützer *84*
Wachsamkeit *85*
Ziele *86*
Freude *87*
Innerliche Zufriedenheit *88*
Heiterkeit *89*

Gefühle *90*
Seelenruhe *91*
Kraftlos *92*
Schau auf dich *93*
Treue Freunde *94*
Wunderbare Menschen *95*
Rucksack *96*
Glaube an dich *97*
Dein Weg *98*
Frühling *99*
Das Bächlein *100*
Nebel, Wolken und Licht *101*
Zeit zum … *102*
Wo, wieso, warum? *103*
Ich möchte im Leben *104*
Gesundheit *106*

Nachwort **107**
Wem ich danke sagen möchte *107*

Vorwort

Liebe Leser!

Wie mein Gedichtsbuch entstand

Vor zwei Jahren schrieb ich mein erstes Gedicht,
es gefiel mir sehr in jeder Hinsicht.
Es lag lange in meiner Mappe,
ohne dass ich gedanklich Zugriff hatte.

Ein soziales Projekt brachte mir wieder die Idee
und bereitete mir Bauchweh.
Ich nahm meinen Stift in die Hand,
schon war ein Gedicht fertig und anerkannt.

Aus den Gedichten wurden immer mehr,
das freute mich sehr.
Ich wollte die Gedichte nur für mich schreiben
und die Öffentlichkeit damit meiden.

Doch ich fand es einfach zu schade,
denn es ist doch eine schöne Gabe, die ich habe.
Vielleicht gefallen meine Gedichte der Welt,
zahlen dafür ein wenig Geld.
Und geht mein Buch nur durch wenige Hände,
dann spricht das für mich schon Bände.

Vielleicht konnte ich euch einiges von der Seele
schreiben und es hilft euch ein wenig bei euren
Leiden. Ich weiß, es ist nur ein kleiner Trost,
doch vielleicht lässt es für kurze Zeit eure
negativen Gedanken los.
Wenn ich das mit meinen Zeilen bewirken kann,
dann hilft es in schwierigen Zeiten jedermann.

Und wenn es nur wenige Menschen lesen,
für mich sind sie besondere Wesen.
Es zahlen zwar nicht alle Spesen,
lest das Büchlein mit Herz
und ihr versteht auch meine Thesen.

Ich glaube, es ist für jeden etwas dabei,
als ich die Gedichte schrieb, machten sie mich frei.
Nun möchte ich nicht weiter schwanken,
lest meine Gedichte,
dann kennt ihr meine Gedanken.

Das Büchlein soll euch Liebe und Glück bescheren,
in keiner Weise belehren,
sondern sich nur vermehren.
Und nun ist das Büchlein schon das Dritte,
das ist bei vielen Autoren so Sitte.

Ich freue mich über das dritte Büchlein sehr
und ich hoffe es werden von meinen Büchern noch
viel mehr.

Danke

Als erstes möchte ich dir danken,
mit meinen Gedichten noch nicht weiterschwanken.
Du hältst nun mein drittes Büchlein in deiner
Hand, ich bin nur ein kleiner Autor
und überhaupt noch nicht bekannt.

Du bist ein Mensch,
der mich nicht kennt,
aber auch nicht einem Bestseller hinterher rennt.
Ich danke dir für deinen Kauf,
vielleicht gibst du mir eine Bewertung darauf.
Auch wenn nicht alles perfekt geschrieben ist,
hoffe ich, dass du mit deinem Herzen auch dabei
bist.

Darüber würde ich mich sehr freuen,
denn es werden noch weitere Bücher von mir
folgen. Vielleicht erzählst du mal von meinen
Gedichten und sie sind ähnlich wie deine
Geschichten.

Nimm das Büchlein an schlechten Tagen wieder
raus und vergiss nicht, gib dich niemals auf.

Aufrichtig

Sei aufrichtig zu dir selbst und zu anderen, dann werden auch sie zu dir aufschauen und dich richtig behandeln.

Lasst uns ...

Lasst uns tanzen, singen, lachen,
noch ganz viel verrückte Sachen machen.
Lasst uns kurz nochmal ein Kind werden,
jeden Ballast einfach wegleeren.

Lasst uns Purzelbäume schlagen in den
Wiesen, das Leben zu 100 Prozent genießen.
Lasst uns träumen mit Musik,
wo sich jeder in Geborgenheit wiegt.

Lasst uns miteinander reden,
Konflikte werden schnell vergehen.
Lasst uns viele schöne Stunden verbringen,
ohne uns durch das Leben zu ringen.

Lasst uns was Gutes essen gehen,
denn all das mögen wir gerne im Leben.
Lasst uns das alles in Erinnerung bleiben
und allen das Glück, was wir haben, zeigen.

Gönnen

Gönne auch anderen Menschen etwas, denn dadurch wird auch dir wieder etwas vergönnt werden.

Verzeihen

Manchmal muss man auch verzeihen,
um die eigene Seele zu befreien.
Oft ist dieser Schritt sehr schwer,
doch der Ballast wird dadurch nicht mehr.

Was haben wir zu verlieren?
Es kann uns nichts passieren.
Wir fühlen uns danach sicherlich befreit
und das ist doch das Wichtigste nach einem
Streit.

Raus aus dem Alltag

Oft muss man raus aus dem Alltag, denn die Eindrücke bringen uns auf andere Gedanken und lassen uns von unseren Gewohnheiten los.

Ich fühle mich so leicht

Ich habe mein Leben in meiner Hand,
tauche ab in mein Gedankenland.
Es ist ganz egal, was ich mir denke
und ob ich Menschen meine Liebe schenke.
Mein Gedankenland gehört nur mir,
ich bestimme, wie lange ich träume als
Passagier.

Meine Gedanken kann mir keiner nehmen
und wenn ich will, bleibe ich eine Weile
stehen. Wichtig ist, dass auch du deine
Gedanken lebst, nicht nur in deiner
Traumwelt schwebst.

Erst dann hast du dein Gedankenland
gefunden, denn du bist ein Leben lang
mit Körper und Seele verbunden.

Teil deines Glückes

Es ist nicht wichtig, dass dich viele Menschen glücklich machen, sondern dass ein Mensch Teil deines Glückes ist.

Rückhalt

Es ist wahnsinnig schön wenn man weiß,
dass man Halt im Leben hat.
Egal woher dieser Rückhalt kommt,
er bringt dich immer weiter nach vorne.

Du weißt, dass du nicht umfallen kannst.
Alleine zu wissen, dass, wenn du fällst,
ein Mensch für dich da ist,
der dich auffängt, macht das Leben
lebenswert und um vieles einfacher.

Macht

Schwache Menschen spielen die Macht über andere Personen aus, starke Menschen lassen dich ihre Macht spüren, wenn sie vor dir stehen und dir die Wahrheit sagen.

Meine Hand

Ich reiche meine Hand zu dir,
sie übergibt dir Freundschaft
und Liebe von mir.
Ich gebe dir die Hand so oft du sie brauchst,
auch wenn du nur leise darum hauchst.
Meine Hand wird dich halten
und gibt dir Licht,
auch wenn sie nicht zu dir spricht.

Hast du Not und Sorgen,
werde ich meine Hand dir borgen.
Wir reichen uns die Hände,
das haben wir uns geschworen,
denn durch diesen Kontakt
wurde unsere Liebe geboren.

Falsche Menschen

Falsche Menschen brauchen ihre Anhänger, doch meistens suchen sie sich die falschen aus, denn Menschen mit Rückgrat werden sich nie wo anhängen, sondern immer mit dem Auto alleine fahren.

Aufrecht

Aufrecht gehen,
nach vorne sehen.
Vorwärts schauen,
auf Selbstvertrauen bauen.
Chancen ergreifen,
nicht davon abschweifen.

Mach dein Leben zum Sonnenschein,
dein Leben wird dadurch noch positiver
sein.

Die gesteckten Ziele sollst du nicht
verlieren, besser nochmal dein Chaos im
Kopf sortieren.

Dann wirst du dein Leben gut durchlaufen,
denn dieses Glück kann sich keiner
erkaufen.

Liebe ist ...

Liebe ist, wenn du zu deinem Partner nicht immer gleich lieb bist. In guten Zeiten die Liebe sehen und in schlechten Zeiten noch mehr davon geben. Davon kann die Liebe ewig leben.

Großmut

Dir geht es gut,
doch manchen Menschen fehlt der Mut.
Mache in deinem Umfeld deine Augen auf,
hilf Menschen, die ganz unten sind auch
rauf.

Es muss nicht immer etwas Materielles
sein, durch liebevolle Worte geht in das Herz
mehr Trost hinein.

Solche Taten werden dein Herz erhellen
und es sind auch gleichzeitig deine
Energiequellen.

Gesundheit

Gesundheit ist wie der teuerste Diamant, denn hast du sie nicht mehr, wird der Diamant seinen Wert verlieren und nicht mehr funkeln.

Nicht da und doch so nah

Sie sind nicht da,
aber irgendwie doch so nah.
Sie können sich in der Luft drehen,
doch du wirst sie nicht sehen.
Du kannst sie nicht anfassen,
dafür sind sie zu schnell
und du würdest sie verpassen.
Doch du kannst die Liebe spüren
und sehen.

Sie bleibt ein Leben lang
und wird nie vergehen.
Sie sind stets auf deiner Seite,
sind immer in Reichweite.
Und wenn du glaubst,
dass das ein Engel ist,
dann hab keine Angst,
egal wo du jetzt bist.

Gut über die Runden kommen

Geld ist nicht das Wichtigste, doch wenn man gut über die Runden kommt, lebt man sorgenfreier als Menschen, die am Monatsende nicht wissen, was sie essen sollen.

Glück

Ich wünsche dir ganz viel Glück,
davon ein großes und ein gutes Stück.
Und hast du mal kein Glück,
gehe trotzdem weiter, nicht zurück.
Das Glück hat viele Seiten
und erst mit deiner positiven Einstellung
zum Leben erreichst du des Glückes Weiten.

Heilung

Wenn keine Medikamente mehr helfen, versuche zuerst deine Seele zu heilen, denn erst dann wird dein Körper die Medizin wieder aufnehmen können.

Verzeihen - Vergessen

Ich verzeihe dir,
doch das Problem bleibt bei mir.
Ich kann es nicht vergessen,
bin oft mit dir an einem Tisch gesessen.

Doch ich habe die Wahl,
ist es überhaupt Freundschaft
oder eine Qual?
Deswegen triff deine Entscheidungen gut,
denn vor Menschen mit Rückgrat
ziehe ich den Hut.

Hundeliebe

Hat dich die Liebe eines Hundes mal gefunden, brauchst du dich nicht mehr fürchten, dass sie schwindet, denn sie wird bis zum Ende bleiben.

Tierliebe

Ein Tier wird dich lieben bis zum Ende,
dafür gibt es dir die Pfoten
und nicht die Hände.

Die Liebe von Mensch zu Tier hält ewig
und diese Freundschaft macht viele
Menschen selig.

Missgunst

Habe keine Missgunst zu deinen Mitmenschen, denn die Haltung des Nicht-Gönnens wird zu dir zurückkehren.

Hoffen und Wünschen

Ich wünsche dir Spaß im Leben
und dass du tanzen kannst im Regen.
Ich wünsche dir ganz viel Liebe mit
Geborgenheit und das für eine lange Zeit.
Ich hoffe, du hast keine Angst vorm
Versagen, ich bitte dich,
du musst auch neue Schritte wagen.

Ich hoffe, du behältst die gute Einstellung
zum Leben und du wirst immer deine
eigenen Wege gehen.
Ich verzeihe dir Laster und Vergehen,
wenn du danach alles richtig machst im
Leben.

Ich wünsche dir wunderbare Menschen mit
guten Charaktere, welche ausgestattet sind
mit Ehrlichkeit, Haltung und Ehre.
Diese Hoffnung soll dich immer begleiten
und die Wünsche sollen dir stets Freude
bereiten.

Neugier

Es gibt Menschen, die neugierig und offen durchs Leben gehen. Doch es gibt auch Menschen, die nur über die anderen alles erfahren wollen, um diese falsche Neugier zu ihrem eigenen Vorteil zu machen.

Diese Neugier wird dich im Leben nicht weiter bringen, sondern sie wird dich müde, kraftlos und alt werden lassen.

Kraft

Mit deiner innerlichen Kraft kannst du alles
erreichen, diese Stärke wird dich stets
begleiten.

Nutze diese Kraft und Energie,
sie bringt deinen Körper in Harmonie.

Mit Kraft und Stärke wirst du deine
Lebensaufgaben ganz einfach schaffen,
denn innerliche Kraft und Stärke
sind im Leben eine der wichtigsten Waffen.

Eigene Meinung

Menschen, die ihre eigene Meinung heute noch vertreten, sind diejenigen, die es gut mit dir meinen. Alle anderen in der Gesellschaft sind Menschen, die keine Meinung mehr haben und nur mehr das sagen, was ihnen vorgegeben wird, weil sie Angst haben, mit der eigenen Meinung alleine zu sein.

Doch was gibt es Schöneres, als mit der eigenen Meinung alleine zu sein, wenn sie nur an einen Funken Gerechtigkeit und Ehrlichkeit grenzt.

Innerlicher Friede

Reden statt Schweigen,
Aufstehen statt Neigen,
Gehen statt Fallen,
gütig Sein statt Prahlen.
Siegen statt Liegen,
sich nicht für andere verbiegen.
Das eigene Leben lieben
mit innerlichem Frieden.

Wahre Freunde

Wahre Freunde erkennen, ob du Rat oder Hilfe brauchst; du musst sie nicht erst aufmerksam machen, dass du Hilfe benötigst.

Bist du traurig

Willst du am liebsten weinen oder schreien,
versuche deine Seele von allem zu befreien.
Manche schaffen das von allein,
doch viele suchen die Kirche auf,
um Gott und den Engeln ganz nah zu sein.
Das gibt innerlichen Frieden,
der Körper wird sich wieder aufrichten
und nicht nach unten biegen.
Das gibt uns Menschen neue Kraft
und du wirst sehen,
dass du das Leben wieder leichter schaffst.

Mutterliebe

Mutterliebe ist die stärkste Liebe der Welt, denn die Nabelschnur verbindet auch über den Tod hinaus.

Schweigen

Manche Menschen schweigen bis zum
Grabe, doch in Wirklichkeit stehen ihnen
einige Menschen sehr nahe.
Manchmal ist es sogar Liebe,
die man für sich behält,
doch viele zeigen sie der ganzen Welt.

Manche Menschen können Liebe nicht
zeigen, doch ist die Zeit aus,
müssen sie sich diesen Fehlern neigen.
Viele würden am Ende gerne alles
vergessen, doch dafür haben sie keine Kraft
mehr besessen.

Deswegen zeige deine Gefühle im Dasein,
dann gehst du mal leichter,
denn dein Herz ist ganz rein.
Wagst du diesen Schritt nicht,
kann es sein, dass deine Wunde bricht.

Dieses Ende wird dann nicht einfach
werden, denn es heißt Aufarbeitung deines
Lebens beim Sterben.

Lachen ist wichtig

Lachen ist wichtig, es lockert jedes Gesicht und lässt das Gefühl von Traurigkeit schwinden.

Das alte Leben

Die Großeltern erzählen uns von einem
anderen Leben, wo sie waren glücklich und
frei, manche denken so gerne zurück
und wünschen sich dieses Leben wieder
herbei.

Doch auch die Kriegsgenerationen müssen
in dieser neuen Zeit leben, wer weiß,
wie es wir im Alter mal sehen.
Deswegen genieße jeden wunderschönen
Moment, wo dich deine Zufriedenheit mit
deinem Herzen nicht trennt.

Denn manchmal gibt es Dinge im Leben,
die sollten nicht sein, das Leben ist bedeckt
von einem grauen Schein.
Und weil sich das Leben
so schnell dreht,
lebe, liebe den Augenblick,
denn dafür ist es nie zu spät.

Freue dich auch für Andere

Freue dich auch für andere Menschen, denn es ist umso schöner, wenn sich auch mit dir jemand mit freut.

Es gibt ...

Es gibt Menschen, die sehnen sich nach Anerkennung und Respekt, dass man sich manchmal sogar schreckt.
Es gibt Menschen, die sich wie Blätter im Winde drehen und nur dein Glück im Leben sehen.

Es gibt Menschen, die sich immer nur neigen und du sollst ihnen trotzdem Wertschätzung zeigen.
Es gibt Menschen, die fast nie etwas geben und nur die Sonnenseiten in deinem Leben sehen.

Und dann gibt es Menschen, denen kannst du nach kurzer Zeit vertrauen, sie können dir ganz gerade in die Augen schauen.
Solche Menschen sind für mich eine aussterbende Rasse,
genau sie heben sich ab von der Masse.

Es tut so gut, dass es noch solche Menschen gibt, wo du weißt, dass die bedingungslose Liebe siegt.

Verscherzen

Verscherze es dir nicht mit Menschen, die dich lieben. Im Alter wird es davon immer weniger geben und es ist oft sehr schmerzhaft, wenn Menschen alleine überbleiben.

Freiheit

Am liebsten würde ich nur raus,
mein Körper hält mich gefangen in meinem
Haus. Ich möchte raus aus dieser Enge,
am liebsten wäre ich jetzt in einer großen
Stadt, mit ganz viel Gedränge.

Mein Körper signiert,
kann sich nicht mehr bewegen,
oft frage ich mich,
ist das ein Fluch oder ein Segen?
Ich weiß, ich muss jetzt aufstehen,
denn es gibt viele Menschen,
die mich schon ganz weit unten sehen.

Ich habe selbst die Wahl,
denn es ist nicht immer nur das Schicksal.
Deswegen raffe ich mich jetzt auf,
nehme auch Rückschläge in Kauf.
Jeder Mensch kann sein Leben selbst
entscheiden, versuche es wenigstens,
anstatt dein Leben, dein Ich, zu meiden.

Springe über deinen Schatten

Oft musst du über deinen Schatten springen, doch wenn du das tust, hast du einen Schritt nach vorne gemacht und dir selbst geholfen.

Menschenengel

Es gibt Engel,
sie fliegen ganz nieder,
bist du traurig,
sie kommen wieder.
Deswegen habe keine Angst vor der
Einsamkeit,
denn es gibt immer einen Engel,
der bei dir bleibt.

Gedanken

Es gibt Gedanken, die fressen dich innerlich auf. Deswegen komme ins Tun, denn nur so kannst du deine Gedanken bearbeiten.

Meine Katze

Sie hört mir zu ohne nachzufragen.
Sie schmiegt sich an mich,
wenn es mir schlecht geht.
Sie wärmt mich,
wenn mir kalt ist.
Sie kuschelt mit mir,
wenn ich einsam bin.

Sie begleitet mich,
Schritt für Schritt.
Sie ist zwar kein Mensch
und gibt mir nicht die Hände,
doch ich lebe mit ihr ohne Zwischenwände.
Als Liebesbeweis bekomme ich sehr oft von
meiner Katze ein Küsschen
und ihre Tatze.

Dunkelheit

Nicht alle dunklen Stunden belasten uns, wir haben sie jeden Tag, in der Nacht und es sind oft die schönsten Stunden mit wundervollen Träumen, wo man aus der Dunkelheit gar nicht erwachen möchte.

Menschen, die du nicht gut kennst

Manchmal helfen dir Menschen,
die du nicht gut kennst,
was eigentlich nur an Freundschaft grenzt.
Doch genau sie machen gerne was für dich,
wo jeder Freund von deiner Seite wich.

Deswegen suche dir die Freunde gut aus,
denn vielleicht sind Menschen,
die du nicht gut kennst, mehr wert
und du lernst daraus.

Du bist nicht einsam

Du bist nicht einsam wenn du alleine bist, denn dein Herz ist immer bei dir und zeigt dir den Weg. Wenn du dich wirklich mal verlassen fühlst, sprich mit deinem Herzen, es wird dir helfen und du bist nicht mehr einsam.

Fußfessel

Eine Kette an deinem Fuß,
vom Gericht einen lieben Gruß.
Monate vergingen ohne frei zu sein,
der Körper signiert,
jedoch ist es nicht nur die Fessel am Bein.
Deine Gefühle wurden lange unterdrückt,
deine Seele empfand keinen Tag mehr
Glück.

Von anderen Leuten kam viel Neid,
das Gefängnis war dein Geleit.
Doch alles hat ein Ende, auch die Ketten,
dass es nicht ein Leben dauert
steht in den Gesetzen.
Deswegen lebe jetzt richtig
und intensiv, denn dann geht auch in
Zukunft nichts mehr schief.

Stolz und Respekt

Eine der wichtigsten Haltungen in der Berufswelt ist, den eigenen Stolz und Respekt vor sich selbst nicht zu verlieren, denn gibst du das frei, wirst du dich nie mehr frei fühlen können.

Ein Hund fürs Leben

Ein Hund an deiner Seite
ist wie ein Partner fürs Leben
und er wird für dich immer alles geben.

Arbeiten

Es ist nicht immer die Arbeit, die dich glücklich macht, sondern wie du arbeitest und Dinge erledigst, das macht dich glücklich.

Ich bin bei dir

Ich sende dir einen Engel,
der dir die Hand reicht
und nie von dir weicht.
Seine Flügel umarmen dich
und dieser Engel lässt dich nie im Stich.

Begegnungen

Menschen begegnen sich nicht zufällig, sie wurden auserwählt, um voneinander zu lernen und sich gegenseitig bei Schwächen zu stärken.

Dich an meiner Seite

Dich an meiner Seite möchte ich nicht
missen, dass ich dich ganz gerne habe,
kann ruhig jeder wissen.
Es ist egal was war,
wichtig ist, was mit uns Zwei geschah.
In dieser Gesellschaft ist es schwer,
solche Freunde zu finden,
doch es gibt sie doch noch,
Seelen, die verbinden.

Nicht einfach so

Nichts passiert einfach so, denn du wirst erst später sehen, dass es Gründe dafür gibt, dass es so passieren musste.

Es gibt sie ...

Sie wärmen dich bei Dunkelheit,
wo jeder Mensch nach Geborgenheit schreit.
Sie umarmen dich mit ihren Flügeln,
sie sagen dir die Wahrheit
und werden dich nicht belügen.

Wenn du nicht weiter weißt,
bitte einen Engel um Rat,
denn das, was zurückkommt,
ist eine gute Tat.
Deswegen fürchte dich im Leben nicht,
denn ein Engel lässt dich nicht im Stich!

Seelenverwandte

Oft lernt man Menschen kennen und die Seelen gleichen sich wie Geschwister.

Beliebt

Ich bin nicht bei allen Menschen beliebt,
doch es gibt sehr viele Menschen, die froh
sind, das es mich gibt.

Deswegen lege keinen Wert darauf,
was andere über dich sagen oder denken,
denn es reicht, Menschen, die dich mögen,
Liebe zu schenken.

Kennenlernen

Es gibt oft ein erstes Kennenlernen und man glaubt, man kennt diesen Menschen schon ein Leben lang.

Ich ...

Ich möchte nicht anders sein,
bin sehr glücklich,
kann es gar nicht beschreiben.
Ich möchte nicht weniger geben,
so wie es ist, hat alles einen Sinn im Leben.

Ich möchte, dass mein Leben so bleibt
und mir noch viele schöne Momente zeigt.
Auch bei Traurigkeit werde ich mich
sonnen, denn das bringt das Leben
und bei mir ist jede Erfahrung willkommen.

Begegnen

Oft begegnen dir wundervolle Menschen, obwohl du an Freundschaft nie gedacht hättest. Doch aus diesen Begegnungen entstehen oft die innigsten Freundschaften.

Danke

Du bist immer zu mir gestanden,
wo sich viele Menschen von mir abwandten.
Du warst immer für mich da,
ganz egal, was war.

Ich bin sehr froh, dich in meiner Nähe zu
wissen, deine Liebe zu mir möchte ich
niemals missen.

Mit diesem Schritt möchte ich es endlich
wagen, dir mein Schatz, ich liebe dich zu
sagen.

Seelenschmerzen

Wenn deine Seele schmerzt, versuche sie selbst zu heilen, denn erst dann kann sich dein Körper wieder auf richten.

Sei natürlich

Deine Natürlichkeit lässt deine Schönheit
erblühen, du solltest dich selbst nie
belügen.

Bleib authentisch und immer du selbst,
auch wenn es nicht einfach ist
und du dich quälst.

Deine Schönheit wird dich strahlen lassen,
du kannst es kaum fassen.
Mit der Zeit wird dein Ich durch diese
Natürlichkeit geheilt und auf deine Seele
übertragen nach einiger Zeit.

Zuviel Nachdenken

Oft denkt man zu viel nach, anstatt zu tun, was man sich gedacht hat.

Reich

Oft möchte ich nur auf der Couch liegen,
beobachten, wie die Wolken vorbei fliegen.
Die glücklichen Momente genießen,
die Sonnenstrahlen sollen durch die
Dunkelheit sprießen.

Diese Zeit nehme ich mir jeden Tag,
die kurze Auszeit macht mich stark.
Das Innehalten macht mein Herz ganz
weich und dieses Glücksgefühl macht uns
Menschen reich.

Es gibt bestimmte Gründe

Es passieren im Leben Dinge immer aus einem bestimmten Grund, doch diesen Grund erkennt man oft erst später, da man die Dinge, die einem passiert sind, erst nach einiger Zeit im Leben anders sieht.

Entspannung

Sich jeden Tag Entspannung gönnen,
dass ist das, was die wenigsten Menschen
noch können.

Geist, Körper und Seele werden es dir
danken, du wirst wachsen
und setzt dir deine eigenen Schranken.

Nur so kannst du dich öffnen in deiner Welt,
auch wenn du für kurze Zeit in deinen
Träumen verfällst.

Mit der Entspannung reinigst du dein
eigenes Ich und vielleicht wirst du damit
bald beginnen, dabei meine ich dich.

Konsequenzen

Oft muss man Dinge über sich ergehen lassen, weil man für bestimmte Taten die Konsequenzen trägt. Doch wenn du dir der Konsequenzen bewusst bist, mach nicht wieder die gleichen Fehler, sondern andere.

Liebe und Leben

Liebe und Leben,
manchmal auch vergeben.
Freiheit und Leben,
oftmals nach dem Inneren sehen.
Gesundheit und Leben,
dafür einfach immer alles geben.

Glück und Leben
werden deine Stimmung heben.
Frieden und Leben,
oft auf Wolken schweben.
Zufriedenheit und Leben,
immer danach streben.

All diese Wörter bedeuten Leben
und es kann nicht viel Schöneres geben,
als diese Wörter innig zu leben.

Nicht nur Sonnenstrahlen

Das Leben besteht nicht nur aus Sonnenstrahlen, denn die gibt es in der Natur auch nicht immer. Deswegen speichere dir die Energie, wenn die Sonne lächelt, damit du auch bei Regen noch lachen kannst.

Anmut

Würde und Freiheit sind Energien deines
Herzen, durch Anmut vergehen die
Schmerzen.

Anmut strahlt aus dir heraus, dein
Lichtstrahl durchbricht dein eigenes Haus.
Sei dir deiner Schönheit bewusst
und hab Vertrauen, fehlt dir mal die Kraft,
kannst du auf deinen Anmut des Seins
bauen.

Deswegen lasse die Anmut wirken
und nehme sie an,
denn Anmut öffnet dir neue Türen,
was jeder Mensch brauchen kann.

Beschützer

Engel sind unsere Beschützer. Sie kommen, wenn du traurig bist und umarmen dich mit sehr viel Liebe. Wenn du sie auch nicht sehen kannst, du wirst sie spüren.

Wachsamkeit

Gehe immer wachsam durchs Leben,
so kannst du deine Ziele besser sehen.
Richte die Energie auf deine Gedanken,
es ist eine Möglichkeit,
in deinen Wünschen zu schwanken.

Mit der Wachsamkeit kannst du sehr viel
erreichen, es ist die Entwicklung
und sie wartet auf dein Zeichen.
Deswegen nimm alle Signale deines Körpers
wahr, denn durch die Wachsamkeit kommst
du deinen Zielen ganz nah.

Ziele

Das Leben ist wie ein Wettbewerb, doch wenn du immer gleich aufgibst, wirst du deine Ziele nie erreichen.

Freude

Freude ist uns Menschen gegeben,
sie ist der Lichtfunke in unserem Leben.
Gehe schwungvoll und glücklich durch
deine Zeit, deine Mitmenschen werden es
sehen, Heiterkeit macht sich breit.
Menschen mit depressiven Stimmungen
werden gemieden, doch mit Freude in dir
werden viele Menschen mit dir ziehen.

Innerliche Zufriedenheit

Innerliche Zufriedenheit kannst du nur bei dir selbst finden, doch dafür musst du zuerst mal deine Unzufriedenheit erkennen.

Heiterkeit

Heiterkeit lässt dich die Lebensfreude
erkennen, Harmonie und Zufriedenheit
werden in deinem Herzen brennen.
Ein Lächeln, ein Funkeln in deinen Augen,
mit Heiterkeit durch die Welten schauen.

Mit mehr Lebensfreude erwachen
und durch die Entzündung der Heiterkeit
wirst du viel mehr lachen.
Mit der Heiterkeit fühlst du dich frei,
so leicht und du wirst merken,
wie sie Stück für Stück dein Herz erweicht.

Gefühle

Gefühle können uns sehr viel geben, manchmal sind sie traurig, doch oftmals werden sie deine Stimmung heben. Lasse sie immer zu, denn nur so kommst du zur Ruh´.

Seelenruhe

Für die Seelenruhe brauchst du Vertrauen,
nur so kannst du auf deine Kräfte bauen.
Für Seelenruhe brauchst du offene Türen,
nur so kannst du die Liebe spüren.

Für Seelenruhe brauchst du Ordnung in
deinem Leben, nur so kannst du den
Schlüssel zu deiner Seele sehen.
Für Seelenruhe musst du nur das Schloss
suchen, das Zimmer der Ruhe kannst du
immer buchen.

Deswegen möchte ich zum Schluss noch
den Schlüssel erwähnen, denn nur du
kannst dein Leben in deine Hand nehmen.

Kraftlos

Manche Menschen sind schon in einem so tiefen Loch, dass sie oft nicht mal mehr das Licht der Öffnung sehen. Und dann gibt es Menschen, die sagen, es wird schon wieder.

Doch bei einigen Menschen ist es so, dass ihnen nicht mal mehr eine Leiter helfen würde, da sie keine Kraft mehr haben,
hinauf zu steigen.

Schau auf dich

Sind deine Probleme und Sorgen noch so
groß, bleibe stark,
lasse deine negativen Gedanken los.
Gehe an einen stillen Ort, ganz allein,
das macht deine Sorgen nicht größer,
sondern klein.
Kehre in dich, denke nach,
höre auf zu träumen und werde wach.

Atme tief in deine Mitte ein,
das bringt dir Gelassenheit
und du wirst ruhiger sein.
Und all das kannst du alleine schaffen,
dein Körper braucht zwar Zeit,
doch er wird sich wieder aufraffen.

Denke nach einiger Zeit wieder darüber
nach, wo es begann oder alles zerbrach.
Vielleicht siehst du es bald anders,
doch nur, wenn du weiter wanderst.
Die Seele wird sich von selbst heilen
und dir wieder den richtigen Weg zeigen.

Treue Freunde

Tiere sind die treuesten Freunde, sie werden dich nie belügen und immer auf deiner Seite sein. Sie werden dich für Grundbedürfnisse, wie Essen, vielleicht mal über den Tisch ziehen, doch niemals so falsch sein, als es Menschen je sein können.

Wunderbare Menschen

Du erkennst sie an ihren Augen,
sie werden dich anders anschauen.
Du erkennst sie an ihrem Lächeln,
sie werden dich nie belächeln.
Du erkennst sie bei der Umarmung,
denn das ist die Offenbarung.

Solche Menschen sind sehr selten und rar,
deswegen sind sie auch so wunderbar.

Rucksack

Oft drehen dir Menschen den Rücken zu und über dich wird geschimpft. Das ist nur so, weil sie vor deinem Gesicht Angst haben und nicht den Mut aufbringen, dir direkt etwas zu sagen. Meistens gehen solche Menschen verkehrt durch die Welt und verstecken sich die ganze Zeit hinter ihrem Rücken.

Doch irgendwann wird der Rucksack so schwer werden, dass solche Menschen zu Boden fallen und durch diesen Unmut in sich selbst sehr schwer wieder hoch kommen. Deswegen sprich Probleme direkt an und versuche, deinen Rucksack immer leer zu halten.

Glaube an dich

Glaube an dich,
denn ich liebe dich.
Verzage nicht ohne mich,
denn ich liebe dich.
Vertraue mir,
denn das tue ich auch bei dir.
All das liebe ich an dir,
denn unsere Liebe ergibt das Wir.

Dein Weg

Geh deinen Weg, egal wie schwer er ist. Suche dir nicht die schwierigste Strecke aus, aber gehe auch nicht den einfachsten Weg. Lasse dich nicht abhalten oder beeinflussen, denn nur du weißt, ob es der richtige Weg für dich ist.

Bist du mal kraftlos, bleib einfach stehen, aber entscheide selbst, in welche Richtung du weiterläufst. Nur so wird dich dein Leben auch an dein Ziel bringen und es ist egal, wann du ankommst. Du wirst immer der Gewinner sein, denn du hast den Weg selbst bestimmt.

Frühling

Die Blätter fliegen durch die Luft,
der Wind bringt uns zarten Frühlingsduft.

Wir atmen ganz tief ein,
der Wald, die Bäume machen unsere Seele
rein.

Wir tanken ganz viel Energie
und genießen das Leben in der Natur mit
Harmonie.

Das Bächlein

Ich höre das Wasser am Wegesrand,
das kleine Bächlein habe ich sofort erkannt.
Meine Hände forme ich zu einem Herzen,
das Gebirgswasser ist so kalt
verursacht auf meinen Zähnen Schmerzen.

Ich genieße jeden Schluck Wasser wie Gold,
denn was gibt es Schöneres bei Durst,
wenn dir ein Tropfen Gebirgswasser in die
Kehle rollt.

Nebel, Wolken und Licht

Die Welt ist so groß,
der Nebel zieht über den Berg
und ich bin nur ein Zwerg.
Der Himmel so blau,
die Wolken verschoben
und ich bin mehr unten als oben.

Die Sonne so leuchtend,
sie strahlt wie ein Licht
nehme das Leben nicht wie eine Pflicht.
Das Licht, die Sonnenstrahlen
heben Nebel und Wolken auf
und mit deiner inneren Einstellung nimmt
dein Leben wieder einen positiven Verlauf.

Zeit zum ...

Zeit zum Nachdenken,
Zeit sich abzulenken.
Zeit zum Leben,
Zeit sich zu vergeben.
Zeit zum Genießen,
Zeit zum Spazieren in den Wiesen.
Zeit für deine Lieben,
Zeit sich in Geborgenheit wiegen.
Zeit zum Entspannen,
Zeit für ein Zusammen.
All das schenkt uns die Zeit
und hält nicht nur schmerzhafte,
sondern auch wunderbare Momente für uns
bereit.

Wo, wieso, warum?

Wo ist die Wertschätzung der Menschen geblieben? Wieso werden Menschen ohne Charakter meistens siegen?

Warum müssen sich die Menschen so hassen? Wieso können wir uns nicht mehr anpassen?

Wo ist die Offenheit hin verschwunden? Wieso sind wir Menschen nicht mehr so verbunden?

Warum müssen sich die Menschen so oft streiten? Wieso können wir uns nicht nur Freude bereiten?

Ich frage mich oft. Wo und warum? Wieso sind wir Menschen so dumm?

Ich möchte im Leben

Ich möchte im Leben
Hilfe und Unterstützung geben.

Ich möchte im Leben,
dass Menschen nehmen und geben.

Ich möchte im Leben
mehr Menschen mit Rückgrat sehen.

Ich möchte im Leben
nicht so viele Menschen unglücklich sehen.

Ich möchte im Leben,
dass sich Menschen friedvoll begegnen.

Ich möchte im Leben,
dass Menschen nach ihren Zielen streben.

Ich möchte im Leben,
dass Menschen im Gegenüber auch Gutes sehen.

Ich möchte im Leben,
dass sich viele Menschen vergeben.

Ich möchte im Leben,
dass sich mehr Menschen bei
Ungerechtigkeiten erheben.

Ich möchte im Leben,
dass Menschen nicht zu schnell aufgeben.

Ich möchte im Leben,
dass die Menschen noch schöne Momente
erleben.

Das wäre nicht zu viel und für uns
Menschen ein Segen.
Es kostet nichts.
Nur, ein ich Möchte im Leben.

Gesundheit

Wenn dir dein Körper Krankheiten nicht
lehrt, steht Gesundheit nicht im
Vordergrund und verliert seinen Wert.
Sind dann die Krankheiten da,
jedoch nicht willkommen,
die guten Vorsätze sind wie zerronnen.

Deswegen lebe gesund
und pass gut auf dich auf
denn sonst nimmt deine Gesundheit einen
Krankenverlauf.

Nachwort

Wem ich danke sagen möchte

Ein spezieller Dank gilt erneut meinem Engel, welcher auch bei diesem Buch das Lektorat übernommen. Ich danke Dir für dein offenes Ohr, für deine Ehrlichkeit und für deine Unterstützung in meinem Tun.

Die Autorin Nicole Sunitsch